D1406442

01/11

Palabras para adónde/
Where Words

Arriba y abajo

Up and Down

por/by Tami Johnson

Traducción/Translation:
Dr. Martín Luis Guzmán Ferrer

CAPSTONE PRESS
a capstone imprint

A+ Books are published by Capstone Press,
151 Good Counsel Drive, P.O. Box 669, Mankato, Minnesota 56002.
www.capstonepub.com

032010
005740CGF10

 All books published by Capstone Press are manufactured with
paper containing at least 10 percent post-consumer waste.

Library of Congress Cataloging-in-Publication Data
Johnson, Tami.
    [Up and down. Spanish & English]
    Arriba y abajo = Up and down / por Tami Johnson.
    p. cm.—(A+ bilingüe. Palabras para adónde = A+ Bilingual. Where words)
    Includes index.
    Summary: "Simple text and color photographs introduce the basic concept of up and down—in
both English and Spanish"—Provided by publisher.
    ISBN 978-1-4296-5338-1 (library binding)
    1. Orientation—Juvenile literature. 2. Space perception—Juvenile literature. I. Title. II. Title: Up
and down. III. Series.
BF299.O7J64518 2011
153.7'52—dc22
                         2010006595

Credits
Megan Schoeneberger, editor; Adalín Torres-Zayas, Spanish copy editor; Juliette Peters, set designer;
    Eric Manske, designer; Charlene Deyle, photo researcher; Laura Manthe, production specialist

Photo Credits
Capstone Press/Karon Dubke, 6, 16–17; Capstone Press/Kyle Grenz, 29 (bottom); Corbis/Corbis/Andrew Fox,
24; Corbis/D. Robert & Lorri Franz, 11; Corbis/Haruyoshi Yamaguchi, 23; Corbis/Mark E. Gibson, 20; Corbis/
Michele Westmorland, cover; Corbis/Niall Benvie, 10; Corbis/Patrik Giardino, 19; Corbis/Pete Saloutos, 18;
Corbis/Randy Faris, 7; Corbis/Reuters/Alessandro Bianchi, 21; Corbis/Reuters/Simon Kwong, 29 (top); Corbis/
Steve Chenn, 8; Corbis/zefa/Birgid Allig, 26–27; Corbis/zefa/Markus Botzek, 13; Gem Photo Studio/Tim
Nehotte, 4–5; Getty Images Inc./Stone/Renee Lynn, 14; Getty Images Inc./Taxi/Benelux Press, 15; Inspired
Images, 28 (top); Minden Pictures/Tim Fitzharris, 12; PhotoEdit Inc./Spencer Grant, 9; Shutterstock/Cary
Kalscheuer, 22; Shutterstock/Hway Kiong Lim, 25; Shutterstock/www.RestonImages.com, 28 (bottom)

Note to Parents, Teachers, and Librarians
Palabras para adónde/Where Words uses color photographs and a nonfiction format to introduce readers
to the vocabulary of space in both English and Spanish. *Arriba y abajo/Up and Down* is designed to be
read aloud to a pre-reader, or to be read independently by an early reader. Images and activities encourage
mathematical thinking in early readers and listeners. The book encourages further learning by including the
following sections: Table of Contents, Fun Facts, Glossary, Internet Sites, and Index. Early readers may need
assistance using these features.

Table of Contents

Tabla de contenidos

What Is Up? What Is Down?

¿Qué es arriba? ¿Qué es abajo?

Up is going higher.
Down is going lower.

Arriba es subir alto.
Abajo es bajar.

At the playground, we climb up to slide down.

En el parque, subimos para deslizarnos hacia abajo.

5

A balloon floats up.

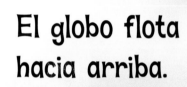

El globo flota
hacia arriba.

6

A ball bounces down.

La pelota rebota
hacia abajo.

At school, we raise our hands up when we know the answer.

En la escuela, ponemos arriba la mano cuando sabemos la respuesta.

We sit down to listen to a story.

Bajamos para sentarnos y escuchar un cuento.

ls Up and Down
males arriba y abajo

uirrel climbs up
ree to its nest.

La ardilla trepa hacia
arriba a su nido.

A squirrel scampers
down the tree to
find nuts buried
in the ground.

La ardilla corretea
hacia abajo del árbol
para buscar nueces
enterradas en la tierra.

Ducks flap their wings to fly up into the sky.

Los patos aletean para volar hacia arriba en el cielo.

Ducks spread their wings and glide down to the water.

Los patos extienden sus alas para planear hacia abajo y llegar al agua.

13

An elephant raises its trunk up to get leaves to eat from the tree.

Los elefantes ponen su trompas hacia arriba para coger las hojas que se comen de los árboles.

An elephant lowers
its trunk down to the
water for a drink.

El elefante baja su trompa
para beber agua.

People Up and Down

La gente arriba y abajo

A diver springs up from
the diving board.

La clavadista salta hacia
arriba en el trampolín.

A diver plunges down to the pool.

La clavadista se zambulle hacia abajo en la alberca.

19

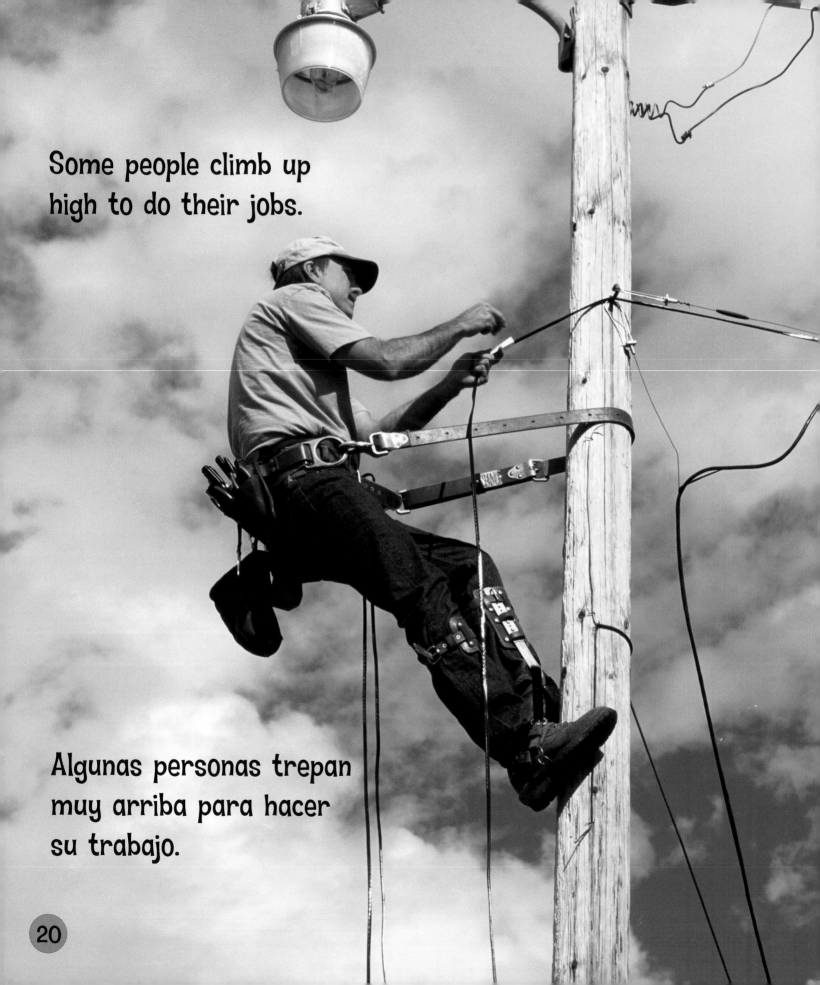

Some people climb up
high to do their jobs.

Algunas personas trepan
muy arriba para hacer
su trabajo.

Some people go down low to do their jobs.

Algunas personas trabajan bajo tierra.

Roller coasters
climb up slowly.

La montaña rusa sube
despacito hasta arriba.

But the trip down
is wild and fast.

Pero la bajada es
fantástica y veloz.

Let's Look Upside Down
Vamos a ver bocabajo

Some birds work upside down to build a nest.

Algunos pájaros trabajan bocabajo para hacer sus nidos.

Ducks dabble upside down to find their food.

Los patos se zambullen bocabajo para encontrar su comida.

25

Everything looks different when we see things upside down.

Todo se ve diferente cuando lo vemos bocabajo.

Up and Down Facts

Datos sobre arriba y abajo

How deep down can a person dive in the ocean? British diver Mark Ellyat safely made a dive down more than 1,000 feet (305 meters) in water off the coast of Thailand. He made the dive down in just 12 minutes.

¿Qué tan bajo puede una persona bucear en el mar? El buzo británico Mark Ellyat bajó sin peligro a más de 1,000 pies (305 metros) en aguas cercanas a la costa de Tailandia. Logró llegar abajo en sólo 12 minutos.

To get to the top of the Pyramid of Kukulcan in Mexico, visitors must walk up 91 steps. Each of the other three sides has exactly the same number of steps.

Para llegar arriba de la Pirámide de Kukulcan en México, los visitantes tienen que subir 91 escalones. Cada uno de los otros tres lados tiene exactamente el mismo número de escalones.

How do you go up to the top of the world's tallest building in Taipei, Taiwan? The elevator travels more than 30 miles (48 kilometers) per hour. Passengers can go from the fifth floor up to the 89th floor in less than 40 seconds.

¿Cómo llegas al tope del edificio más alto del mundo que está en Taipei, Taiwan? El elevador sube a más de 30 millas (48 kilómetros) por hora. Los pasajeros pueden ir del quinto piso al 89 en menos de 40 segundos.

How deep is the deepest hole ever drilled? You'll find it on the Kola Peninsula in Russia. Workers started drilling the hole in 1970 to study rocks deep inside Earth. By 1994 they had drilled down more than 40,000 feet (12,192 meters). That's more than 7 miles (11 kilometers) down.

¿Qué tan profundo en el pozo más profundo que se ha conseguido perforar? En Rusia, en la Península de Kola los trabajadores empezaron a perforar un pozo en 1970 para estudiar las rocas adentro de la tierra. Para 1994 habían perforado hacia abajo más de 40,000 pies (12,192 metros). Eso es más de 7 millas (11 kilómetros) hacia abajo.

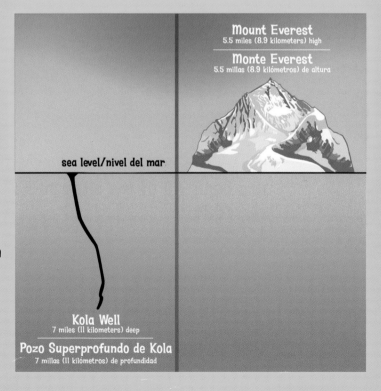

Mount Everest
5.5 miles (8.9 kilometers) high
Monte Everest
5.5 millas (8.9 kilómetros) de altura

sea level/nivel del mar

Kola Well
7 miles (11 kilometers) deep
Pozo Superprofundo de Kola
7 millas (11 kilómetros) de profundidad

Glossary

glide—to move smoothly and easily

plunge—to dive into water

pyramid—a solid shape with triangular sides that meet at a point on top

roller coaster—an amusement park ride with a train of cars that travel fast over a track that has rises, falls, and curves

scamper—to run lightly and quickly

spread—to stretch out

spring—to jump suddenly

trunk—the long nose of an elephant

upside down—with the top at the bottom

Internet Sites

FactHound offers a safe, fun way to find Internet sites related to this book. All of the sites on FactHound have been researched by our staff.

Here's all you do:

Visit www.facthound.com

Type in this code: 9781429653381

Glosario

bocabajo—poner la parte de arriba abajo

corretear—correr suavemente y rápido

extender—estirar hacia afuera

la montaña rusa—juego en el parque de atracciones con un tren de carritos que corre rápidamente sobre un riel que sube, baja y tuerce

la pirámide—cuerpo sólido con lados triangulares que se juntan en la parte de arriba

planear—deslizarse con suavidad y fácilmente

saltar—elevarse súbitamente

la trompa—nariz alargada del elefante

zambullirse—clavarse en el agua

Sitios de Internet

FactHound brinda una forma segura y divertida de encontrar sitios de Internet relacionados con este libro. Todos los sitios en FactHound han sido investigados por nuestro personal.

Esto es todo lo que tienes que hacer:

Visita *www.facthound.com*

Ingresa este código: **9781429653381**

Index

Índice